CENT AVIS GÉNÉRAUX

A L'ADRESSE

DES HOMMES DE RIEN,

Par un Égalitaire.

> Les hommes de rien sont ceux que les notables personnages grugent sous le manteau des institutions, des mœurs et des lois décrétées par ceux-ci en qualité de propriétaires, de rentiers, de boutiquiers, de brocanteurs, de courtiers, de capitalistes, etc., etc.
>
> UN PUBLICISTE.

> *Homo sum ; humani nihil a me alienum puto.* — Je suis homme ; rien de ce qui intéresse mes semblables ne m'est étranger.
>
> TÉRENCE.

PARIS,

Chez G.-E.-C. DARBY, éditeur,

6, RUE COQUENARD.

1844.

DÉFINITION

De quelques mots techniques employés

dans cet écrit.

———

Abstraction, opération par laquelle l'esprit sépare des choses qui sont unies.

Amphibologique, se dit de toute chose à double sens et obscure.

Anagogique, qui est relatif aux choses surnaturelles.

Archonte (prononcez *arkonte*), magistrat à Athènes.

Aréopage, l'assemblée des magistrats.

Briarée, géant de la fable qui avait cent bras et cinquante têtes ; figure pour désigner le peuple.

Condensation, rapprochement des parties d'un corps de manière à équilibrer la force de chaque partie.

Connexe, formé de *cum*, avec, et *nectere*,

nouer ; qui a de la liaison avec une autre chose.

Contracter (se), se resserrer.

Copuler, s'unir charnellement.

Dynamique, science des forces et des puissances qui meuvent les corps.

Esthétique, science du sentiment.

Excentrique, qui est hors du centre, hors de l'usage commun.

Forum (prononcez *forome*), place publique.

Homogène, pareil, semblable, de même nature.

Hyperbole, exagération d'expression.

Impéritie, défaut d'habileté.

Labeur, travail, peine.

Occultation, voile, masque, disparition.

Panthéisme, les catholiques entendent par ce mot la divinisation de tout indistinctement ; pour les philosophes, c'est simplement la négation de toute particularisation divine.

Phénix, oiseau fabuleux, renaissant, disait-on, de ses propres cendres.

Soliloque, discours d'une personne avec elle-même.

Syncrétisme, rapprochement, conciliation de plusieurs doctrines diverses.

Vacuité, état d'une chose vide, creuse.

CENT AVIS GÉNÉRAUX

A L'ADRESSE

DES HOMMES DE RIEN.

PRÉAMBULE.

Voici que 1850 approche du terme de sa période définitive ; le serpent s'est arrondi : la tête est à la veille de mordre la queue ; il ne reste plus au monstre qu'à se contracter pour étouffer sa proie. Encore quelques instants, et le destin va clore pour *un temps* les feuillets de son livre d'un cadenas d'airain.

Cette clôture sera celle en même temps des libertés péniblement conquises en dix-huit siècles de labeurs.

O Athéniens ! vous n'en êtes plus à songer au salut de la Grèce entière..... ; veillez sur vous tout seuls !

Mais qui vous a réduits à cette dure extrémité ? L'égoïsme de vos premiers citoyens ; en ce cas, que justice soit faite des maux qu'ils nous causent :

Les dieux aux plus cruels n'ont pas livré les sages !

Démosthènes, cesse de faire entendre ta puis-

sante voix : le Forum est vide d'*hommes ;* laisse
agir la logique de l'Ordre. Il est dit que tes ha-
rangues passeront à la postérité comme des mo-
dèles d'éloquence ; mais qu'Athènes, cité des
arts, berceau de la civilisation, dépôt des scien-
ces, baptistère des nations, sera humiliée, abais-
sée et réduite en esclavage.

Ainsi de Jérusalem en Asie, de Carthage en
Afrique, de Thèbes en Grèce, d'Alise dans les
Gaules, et cent autres cités fameuses qui ont
péri par le fer, par le feu et par la famine ameu-
tés contre elles par le despotisme.

Cependant le Christ et plus de mille philosophes non moins immortels ont passé sur la
terre. Est-ce qu'ils y auraient passé sans laisser
de traces ?

Non pas ; n'en déplaise aux tyrans. Du haut
du ciel l'Egalité plonge sur terre un regard pé-
nétrant.

Si ce n'est Rome, ce sera Constance ; si ce
n'est Trèves, ce sera Aix ; si ce n'est aucune
ville, ce sera le cœur d'un seul homme survi-
vant à la démoralisation générale, d'où l'Egalité
jaillira en filet délié, et, semblable à la foudre,
ramassera sur son passage tout ce qui lui est
homogène,

Et puis, les membres de l'aréopage de nos
jours tiennent au sol, non par l'amour de la pa-
trie, vertu inconnue à leur cœur, mais par *leurs
propriétés.* Or, dormez tranquilles, citadins,
vos archontes trouveront bien le moyen d'arrêter tout court la destruction de leurs *établisse-
ments.*

Pour nous, prolétaires, instruisons-nous. Que chacun de nous se plastronne d'une cuirasse de fin acier, car les coups seront pressés et les feintes innombrables. Faisons de tout ce qui se passe la matière de notre éducation. Or, je ne sache pas une armure plus à l'épreuve des lances du despotisme qu'un esprit bien cultivé, un cœur bien nourri de l'amour de l'Égalité, une volonté calme et patiente. C'est à tresser quelques mailles de la cuirasse dont il est ici question que je me suis appliqué, mes frères ; voilà l'objet de ce petit écrit. Si mes avis vous semblent salutaires, consultez-les quelquefois et les propagez, sans vous inquiéter de qui les a formulés : UN HOMME N'EST RIEN, C'EST LA PENSÉE QUI EST TOUT.

I. — Connais-toi toi-même, c'est-à-dire apprends qui tu es, dût cette étude, comme à Socrate, te coûter la vie.

II. — La vie est un labeur et non pas un plaisir ; elle nous a été donnée pour avancer sans cesse dans la connaissance de nous-mêmes et du monde extérieur ; mais il en coûte à l'homme pour se connaître et pour connaître le monde extérieur.

III. — Ainsi, deux mille ans avant Galilée, Anaxagore est proscrit par ses concitoyens pour leur avoir enseigné la sphéricité du globe ; et deux mille ans plus tard, Galilée abjure sur un échafaud le mouvement de la terre.

IV. — D'où vient que les hommes qui font avancer la connaissance sont persécutés? De ce que leurs découvertes contrarient les intérêts aristocratiques qu'elles délogent toujours de place à la longue. La vertu des hommes de génie c'est donc le sacrifice de leur intérêt personnel à l'instruction du genre humain.

V. — Que l'exemple du bien payé de l'ingratitude exalte ton courage au lieu de l'amortir : aux grands hommes est l'immortalité.

VI. — C'est parce que l'instruction mène à l'indépendance, et que l'indépendance raisonnée fait des hommes, que les détenteurs du bien-être abhorrent et l'instruction et l'indépendance.

VII. — Plus il y a de dangers à s'instruire, plus il est difficile d'y parvenir, et plus celui qui est homme doit y attacher de prix.

VIII. — L'esclavage moral n'existe pas pour celui dont la connaissance a franchi la barrière de l'ignorance.

IX. — On peut enchaîner un corps, le broyer, le faire rentrer dans le néant de toute forme : la pensée éclairée échappe à toutes les tortures, à toutes les destructions.

X. — La philosophie n'est pas dans les livres, mais les bons livres sont des amis de la philosophie.

XI. — Les bons livres sont ceux qui laissent à penser aux hommes ; les mauvais livres sont ceux qui leur ferment toute réflexion.

XII. — Un homme qui ne sait pas lire n'est matériellement pas libre, puisqu'on peut toujours le tromper sans qu'il le soupçonne.

XIII. — Celui qui sait lire et qui ne lit pas ressemble à l'avare qui périt de faim sur un coffre d'or.

XIV. — La lecture est le pain de l'esprit, comme la réflexion est le pain de l'âme, comme le blé préparé est le pain du corps.

XV. — De toutes les inégalités, la richesse n'est pas la plus despotique, c'est l'ignorance.

XVI. — Les aigrefins de tous les systèmes en action motivent l'ajournement indéfini des réformes sociales sur l'ignorance du peuple, et se font croire par les classes moyennes et privilégiées; c'est là le sceau qu'il faut briser.

XVII. — L'inégalité commence en effet à l'ignorance, mais elle finit à la connaissance des choses.

XVIII. — La science du peuple se borne au sentiment de toutes choses; mais cela ne suffit pas, il faut qu'il devienne apte à revêtir ses sentiments d'une forme nette et sentie : celui qui aime ses frères doit vouloir ce résultat de toutes les puissances de son être.

XIX. Celui qui n'a d'autre science que celle du sentiment ressemble à une gazelle timide, toujours à la veille d'être déchirée par quelque lion du désert : c'est la position de tous les peuples à l'égard de leurs gouvernements.

XX. — Il faut donc joindre au sentiment la conscience des choses, c'est là ce qui complète l'homme libre.

XXI. — S'il faut faire une lieue chaque jour pour entendre une vérité, fais cette lieue, si tu es homme, car toute vérité est une mine d'or.

XXII. — Il appartient à tout homme de prendre part à la lutte universelle du despotisme et de la liberté ; mais quelle part y peut-il prendre s'il ne peut formuler ses pensées?

XXIII. — Plus il y aura d'hommes qui prendront une part intelligente aux débats de l'esprit humain, plus les nations feront de progrès dans la garantie réelle de leurs libertés.

XXIV. — Celui qui abdique volontairement toute participation personnelle à ces débats solennels se délivre à lui-même un brevet d'indignité.

XXV. — La parole n'est pas un don de nature, c'est une acquisition de l'étude; tous peuvent aspirer à la manier également bien, et cela importe beaucoup aux progrès de la civilisation, car la parole est la forme par laquelle la pensée se communique aux hommes : cette forme leur est aussi nécessaire que la pensée elle-même.

XXVI. — Celui qui peut exprimer correctement ce qu'il sait, possède donc un levier intellectuel d'un incalculable secours.

XXVII. — Ce n'est pas la multiplicité des connaissances qui fait l'homme, c'est la manière sentie avec laquelle il exprime ce qu'il sait.

XXVIII. — Quelqu'un ne dit-il pas que de penser, cela mène à l'hôpital.... J'ai regret de le dire, mais celui-là est un idiot pour qui la vie n'est qu'une longue déglutition alimentaire.

xxix. — Es-tu homme? retiens ceci : Que ta raison gouverne tes sens sans les tyranniser.

xxx. — Le saint-esprit descend sur tous les hommes qui l'invoquent ; le saint-esprit, c'est la culture du cœur par l'intelligence.

xxxi. — Ne crains pas que ton savoir altère ta moralité : aucun vice ne s'engendre dans un homme qui a posé pour bases de sa vie la modération et la tempérance.

xxxii. — Entretiens ta santé par la sobriété ; cultive tes facultés par l'étude : la nature t'a créé pour vivre et pour penser.

xxxiii. — Celui qui ne songe qu'à exister matériellement ressort de l'espèce humaine pour rentrer de force dans le règne des bêtes.

xxxiv. — Il n'y a d'opposants naturels au progrès social que les bêtes parlantes, parmi lesquelles l'antiquité rangeait la classe des marchands, qui ne s'activent guère que pour se procurer de quoi copuler, dormir et manger tout leur comptant ; ce qui a fait dire à Cicéron « que rien d'honnête ne peut sortir d'un comptoir. » Cette classe de citoyens sans noblesse d'âme a peu progressé.

xxxv. — Il faut seulement cultiver son corps pour le service qu'il rend aux facultés morales, et comprendre que l'harmonie est dans l'équilibre de l'être ; voilà, ce nous semble, l'avis le plus moral en ce point.

xxxvi. — Ce n'est pas tant de la nourriture en abondance qu'il faut au corps, que de l'exercice, de l'air et de la liberté.

xxxvii. — Les idées sont le comestible de

l'intelligence : une trop grande consommation d'idées est aussi contraire à l'esprit qu'une trop grande quantité d'aliments est contraire au corps.

XXXVIII. — Pour discerner la vérité et l'appliquer autant que faire se peut, il ne faut pas seulement posséder les notions acquises à son siècle, il faut, si l'on est juge, dépasser ces notions, et faire la part aux prétentions suffisamment justifiées de l'esprit d'innovation; autrement, on n'est qu'un juge mercenaire.

XXXIX. — Un assassin devant un juge est une bête féroce enchaînée devant un homme : il faut que l'un des deux périsse ; mais ce résultat ne décharge pas la société de toute responsabilité morale envers l'assassin ; c'est pourquoi, au-delà du verdict du juge, il y a la réclamation du philosophe.

XL. — Il y a plus d'assassins poussés au meurtre par une raison d'intérêt quelconque, telle que la propriété, qui en absorbe les trois quarts, que par pur instinct de férocité ; c'est donc la société qui, d'une part, est mal ordonnée, et, de l'autre, l'instruction, qui n'est pas assez répandue. Par conséquent, il y a, au-dessus du juge qui tranche avec le glaive, le philosophe qui remédie au désordre par le Verbe.

XLI. — Ne regarde pas à ce qu'il t'en coûte pour apprendre si tu es homme, car l'instruction est une amie fidèle qui marche devant nous et dissipe les ténèbres qui, de toutes parts, environnent nos pas.

XLII. — Rappelle-toi les choses passées, tu

délibèreras plus sûrement sur les choses futures.

XLIII. — La vie est le passé pour celui qui va mourir, et la mort est son avenir.

XLIV. — Vis bien pour bien mourir.

XLV. — Ce n'est pas la confession adressée au prêtre qui fait que l'on meurt bien : c'est la vie qu'on a menée. Le prêtre absout par anticipation, et son rôle est beau ; mais Dieu seul acquitte ou n'acquitte pas le coupable, c'est-à-dire, en termes clairs, qu'il n'est possible de rien préjuger de la souffrance, de son lieu et de sa durée, dont le délinquant à l'Ordre s'est rendu passible jusqu'à parfaite réintégration d'harmonie.

XLVI. — Que la mort matérielle n'engendre dans ton cerveau aucune idée superstitieuse ; c'est une simple mutation de l'Ordre universel.

XLVII. — Parce que tu vas mourir, tu crois au néant, et la superstition entre dans ton cerveau par la porte de l'effroi ; mais l'égoïsme t'aveugle : la race humaine t'a précédé, elle te survivra.

XLVIII. — C'est la survivance éternelle de tous à chacun qui doit intéresser le moribond.

XLIX. — Toute moralisation découle de cette survivance : quelque idée que tu te fasses de l'autre vie, peux-tu croire à aucun mal, si tu n'as fait que le bien durant tes jours actuels ? Et si ta conscience est noire comme une nuit profonde, t'est-il possible de croire que la mort va t'ouvrir tout à coup les portes d'une félicité béate ? Non, mille fois non. Prends donc tes mesures dans la voie des choses équitables ; ce sont les plus sûrs gages de ton éternité.

L. — La théologie enseigne que c'est pour Dieu qu'il faut vivre et mourir ; expliquons ces mots, car ils sont amphibologiques. Ou Dieu est une abstraction de l'esprit , et alors ce qu'enseigne la théologie est un vain assemblage de mots ; ou Dieu est l'ordre général qui pénètre et dépasse la création tout entière, et alors vivre et mourir pour Dieu, c'est vivre et mourir conformément aux lois relatives à chaque ordre de créations. Or, je suis homme ; je dois donc vivre pour servir les hommes, et mourir selon les hommes, et en cela, je vis et je meurs pour Dieu qui m'a fait homme.

LI. — L'origine de la sociabilité humaine est dans l'avis précédent ; la source de toute déviation solitaire, spirituelle ou mondaine, est dans la formulation confuse de la théologie, qui laisse à deviner à chaque homme quel est son devoir social ici-bas.

LII. — Il suit de la formule théologique que tel consume sa vie dans une stérile contemplation anagogique, sans qu'il en résulte rien de moralement ni de physiquement utile à ses semblables ; de là les solitaires passés, présents et futurs. Il suit encore de la même formule que d'autres n'apercevant pas clairement le devoir qui leur est imposé dès ici-bas, se laissent aller à tout le désordre des sens ; de là les bêtes semées dans l'espèce humaine.

LIII. — La philosophie *bien comprise* en

apprend autant en véritable moralisation que tous les catéchismes de religion, et développe de plus la raison des choses.

LIV. — La politique théologique consiste à faire dépendre la morale de l'idée Dieu : sans doute, l'ordre en morale est connexe à l'Ordre universel, mais l'excès de la théologie, c'est de n'admettre que la voie qu'elle propose pour réaliser tous les genres d'harmonie, ou seulement de se proclamer la première.

LV. — On entend certains hommes du monde qui ont fait beaucoup parler d'eux, réinvoquer la morale théologique ; c'est l'écho affaibli de l'enfant prodigue saturé de jouissances mondaines, et rêvant encore d'occuper le monde de ses vanités solitaires, de ses soliloques péniblement étudiés.

LVI. — Quelle est la façon la plus noble de se représenter l'Ordre universel ou Dieu ? Est-ce de le figurer en homme ou de se le figurer dans la nature ? La solution de cette question n'est du domaine d'aucun philosophe en particulier, mais de tous réunis en congrès. Dans l'une et l'autre hypothèse, ceux qui ont tranché la question de leur autorité privée, tels que Dupuis en faveur du panthéisme, et tous les théologiens en faveur du catholicisme, ont reculé la solution du problème au lieu de la faire avancer.

LVII. — Le fait suivant doit entrer en balance dans la solution de la question pendante. Toutes les religions ont figuré l'Ordre universel en un homme-type, escorté de plus ou moins de sous types, et toutes les philosophies se sont efforcées de nier qu'on pût dignement figurer l'Ordre, d'où est venu l'accusation injuste de panthéisme ou confusion dirigée contre elles.

LVIII. — Quelques raisons que les philosophes et les théologiens aient articulées les uns contre les autres, la vérité n'est d'aucun côté exclusivement, voilà ce qu'il y a de plus profondément certain ; l'une et l'autre façon de raisonner de l'Ordre a infailliblement, sinon sa justification, du moins sa légitimation dans les faits impartialement appréciés ; voilà ce dont un esprit juste doit demeurer profondément convaincu.

LIX. — Pour arriver à une fusion intelligente des opinions diverses sur la manière de symboliser l'Ordre au plus grand profit de la moralisation des hommes, ce ne sont plus des systèmes qu'il faut inventer, c'est l'intérêt matériel des prêtres de toutes les opinions qu'il faut dégager de ces opinions. Quand l'esprit humain aura réalisé ce progrès, on peut prédire que la lumière qui n'a jamais cessé de luire, brillera sans qu'aucun astre malfaisant lui fasse occultation.

LX. — Ne songe pas tant à Dieu qu'à bien agir, car en bien agissant, tu imites Dieu, tu réalises l'Ordre.

LXI. — La philosophie peut errer dans ses avis ; cela ne lui enlève rien de sa grandeur ; ses avis sont le fruit de méditations généreuses ; l'esprit humain peut les rectifier ; c'est son droit, c'est son devoir. La théologie n'offre pas ce caractère : ses enseignements sont absolus ;

ce serait juste si la formule théologique sur Dieu pouvait être absolue, mais il n'en est rien ; cette formule a varié avec le temps , d'où il suit qu'elle n'est qu'un écart de la philosophie.

LXII. — La théologie et la philosophie ont jusqu'ici exercé un ministère bien différent : l'une semble avoir été conçue pour servir de règle pratique à la masse qui pense et vit d'emprunt ; l'autre pour satisfaire à l'activité de pensées des rares contemplateurs de l'Ordre universel. En effet , la théologie est une pente à laquelle il ne faut que se laisser aller, une *forme* établie à laquelle il ne faut qu'obéir, tandis que la philosophie est une mer sans rives sur laquelle on ne peut naviguer qu'avec la *connaissance* pour boussole.

LXIII. — La théologie et la philosophie sont deux routes qui n'en feront qu'une un jour ; mais, pour l'instant encore, l'une est celle de l'intérêt déguisé, de la vertu officielle ; l'autre, celle du désintéressement désordonné, du vice révolutionnaire.

LXIV. — La philosophie n'a pas de plus beau précepte que celui-ci : Dieu, c'est une grande et généreuse action, parce qu'une action de cette sorte implique l'ordre moral, lequel est une imitation de l'Ordre universel.

LXV. — On allègue qu'il faut des types pour chaque action de la vie : de là la divinisation des plus militants parmi les hommes. Il n'y a là rien que d'honorable pour l'espèce humaine. Cette façon d'agir atteste son esprit de reconnaissance. Où commence l'abus, c'est dans l'absorption de tous les types en un, résultat contraire à l'essence de l'Ordre, dont la multiplicité est un des attributs, ou dans la création de trop de types qui ne peuvent. nécessairement que se contredire.

LXVI. — La vérité en toute chose siége au-delà des formes sous lesquelles les hommes se la représentent.

LXVII. — Toute religion est une forme d'ordre, prise pour l'Ordre tout entier ; c'est le faible de l'esprit humain d'absorber le tout dans la partie, de substituer la forme au fond, le signe à l'objet qu'il désigne.

LXVIII. — La vérité, c'est l'Ordre ; et l'Ordre ne se découvre aux hommes que lentement et imperturbablement : c'est pourquoi il n'a existé jusqu'ici que des formes de religion.

LXIX. — L'Ordre ne mérite ce nom qu'autant qu'il embrasse tout ce que la vie universelle a de visibles et secrets mouvements.

LXX. — Le catholicisme romain, à cause seulement de la puissante organisation qui régit son clergé, impose au point de convaincre bon nombre qu'il est la forme dernière de l'Ordre : c'est arrêter la vie générale en chemin, car le catholicisme n'est pas une organisation sociale ; il laisse, depuis sa fondation, la misère croître et se développer, et n'a à lui opposer que des palliatifs de charité qui soulagent une misère sur mille.

LXXI. — La charité qui ne consiste pas à égaliser entre tous les hommes les plaisirs et les déplaisirs de la vie est une aumône, et l'aumôme suppose des hommes *dégradés* qui la reçoivent. Une telle charité, c'est l'inégalité convertie en religion.

LXXII. — La politique est une forme d'administration des choses terrestres. La théocratie, la monarchie, la démocratie, en ont été et en seront longtemps encore les écussons tour à tour grattés et repeints, délaissés et repris ; c'est le fond du sac des parleurs et des meneurs de chaque époque.

LXXIII. — Celui-ci défend la théocratie, celui-là la démocratie, un autre la monarchie ou simplement une des mille questions relatives à ces formes générales ; et tous cherchent à enrayer le char de la révolution, en proposant leur gâteau pour panacée universelle. Oh ! grands hommes !

LXXIV. — Tout ce qui est forme change incessamment. En vain les tyrans accumulent pierres sur pierres, lois sur lois, boulets sur boulets, tout croule de par le temps et la pensée : ce sont là les deux bras de l'éternelle révolution qui précède et dépasse toutes les théories, tous les systèmes, en dépit de la prétention qu'ont leurs auteurs de les immobiliser à perpétuité.

LXXV. — Il n'y a, et il n'y aura jamais qu'une politique, c'est l'Ordre.

LXXVI. — Mais pourquoi les multitudes marchent-elles si mollement à la conquête de l'Ordre ? C'est qu'elles ne sont pas libres de fait ; c'est que la misère ne leur permet pas de réfléchir long-temps d'avance à l'avenir ; c'est que les détenteurs des instruments de travail, la bourgeoisie, leur serrent la gorge et les étranglent par procédé de concurrence, quand ce ne sont pas les baïonnettes et les canons du despotisme qui le font à grandes volées.

LXXVII. — Avoir droit, c'est pouvoir : celui qui a droit sans pouvoir est un paria sous tous les régimes : monarchique, théocratique ou démocratique.

LXXVIII. — De nos jours, les prolétaires ont des droits de par 89 ; mais comme le mouvement des choses ne leur a pas fait échoir en partage l'héritage des instruments de travail, leurs droits sont une amère dérision : c'est la bourgeoisie qui *peut*, et la bourgeoisie est l'ennemie *intéressée* des prolétaires, bien que le sang qui coule dans ses veines a sa source dans un esclavage bien plus abject que celui des prolétaires modernes.

LXXIX. — L'Égalité est le remède à tout ; mais c'est une erreur de croire qu'elle résultera d'aucune forme politique : c'est elle-même qui doit être la politique et la forme.

LXXX. — Prolétaires et bourgeois sont sous le coup de l'Égalité : c'est le gouffre sans fond qu'aperçoit l'un, et l'horizon radieux qu'entrevoit l'autre ; mais ni l'un ni l'autre n'entendent rien à l'Égalité.

LXXXI. — Qui dit que l'Égalité n'est pas l'Ordre ? Des écoliers inattentifs, des pédagogues ignorants qui n'ont jamais mis deux idées en relation, pour qui un nombre est une simple suite d'unités arithmétiques, qui n'ont jamais senti un seul instant se réfléchir dans leur intelligence stérile l'équilibre des forces qui meuvent la Création.

LXXXII. — L'Égalité est dans la volonté des méchants comme des bons : tous la prêchent ; c'est le phénix qui renaît de ses cendres. Que font les gouvernements? Ils égalisent la misère, l'impuissance et l'ignorance *de fait*, sous la feinte de l'égalité *de droit*. Que font les philosophes ? Ils prêchent l'égalisation du bien-être, des connaissances et de la moralité, mais sans puissance d'action. Que nous a appris la mort du Christ? Qu'il n'y a qu'une race d'hommes tous égaux. Qu'est-ce que le dévoûment? C'est l'égalisation du sacrifice. Qu'est-ce que l'égoïsme? C'est l'égalisation des moyens personnels de désorganisation. Partout l'Égalité, soit positive, soit négative, coule à flots écumeux du cœur de ses détracteurs et de ses défenseurs.

LXXXIII. — La révolution est le courant qui mène à l'Égalité : tout y roule en gémissant, en blasphémant, qu'importe !

LXXXIV. — Certes, il pourrait y avoir un autre acheminement à l'Ordre ; mais la race humaine renferme des hommes pervers, et les plus habilement pervers sont à la tête des nations.

LXXXV. — Il n'y a rien à attendre d'aucun système qui n'est pas l'Égalité franche en *fait* et en *droit*. Aucune classe qui n'est pas *peuple* ne la veut ; ce serait donc un affreux malheur que le peuple s'émût en faveur d'aucune réforme partielle, répondît à l'appel d'aucun sectaire politique, et surtout compromît sa cause dans quelque misérable conspiration de forme.

LXXXVI. — Le Peuple, c'est tous ceux qui sont en quête, dans notre société, de leur nourriture, de leurs vêtements, de leur gîte. Le non-peuple, c'est tous ceux qui ont des avances, un capital, des instruments de travail, qui les mettent en œuvre par les bras du peuple, et qui en perçoivent les plus clairs et plus gros bénéfices.

LXXXVII. — L'intérêt momentané bien entendu du peuple, c'est de croiser les bras en présence de tout ce qui se passe : Les bastilles, il les bâtira parce qu'il est pauvre et qu'il faut qu'il vive; il les démolira quand la bourgeoisie l'y conviera, parce qu'autant et plus qu'à la bourgeoisie, la liberté lui est chère. Ce sont l des événements moindres qui peuvent bien absorber toute l'activité de ses tuteurs politiques, mais pour lui ses destinées sont plus loin. Pourquoi s'agiterait-il le premier? Où sont les droits, la liberté, la puissance *de fait* qu'il a à défendre, à protéger? En quel sens qu'on s'agite, qu'adviendra-t-il de plus prochain? Du *plus* ou du *moins* d'INÉGALITÉ sociale. Or, ce n'est là que défaire et refaire toujours la même chose. Jésus! par ta sainte agonie, donne au peuple le calme, et tout ce que le despotisme échafaude croulera sous son propre poids.

LXXXVIII. — Les gueux de France n'ont pas de haine contre la bourgeoisie; mais puisque celle-ci a voulu pour elle toute seule le principe de liberté sans appeler ses frères mineurs à y participer, qu'elle avise elle-même à son salut. Il lui a plu de reconstituer le passé en vue de la crainte des gueux ; si ce qu'elle a fait ne lui convient plus, qu'elle le défasse, et qu'elle se hâte ou non, les gueux n'ont rien à faire là. Ce n'est pas à eux que les canons font peur : leurs femmes et leurs enfants ne sont-ils pas depuis des siècles exposés à un feu plus meurtrier, plus intense et plus permanent, la misère? Et puis, que faut-il à Briarée pour tout finir : étendre les bras ! Il n'a pas besoin, lui, du secours de la bourgeoisie, mais elle a besoin de lui. A chacun donc son devoir !

LXXXIX. — Il faut bien que les gueux distinguent entre ce qui est politique et ce qui est social. Ce qui est politique regarde la bourgeoisie toute seule ; ce qui est social intéresse seul les gueux ; or, rien de social n'est sur le tapis ; ce qui se passe est une simple évolution du système représentatif qui tend à se simplifier en se concentrant aux mains de la royauté, laquelle, d'élective qu'elle est, vise à ne tenir que d'elle seule son autorité. Il n'y a là rien que de très-ordinaire. De plus, qui veut la fin veut les moyens ; or, les bastilles sont dans cette voie ; eh bien ! qu'avez-vous à dire, braves bourgeois, reprochez donc à vos députés d'avoir été trop logiques. Il est curieux d'entendre les organes de la bourgeoisie déclamer contre les conséquences de leur propre impéritie, et s'effrayer des effets prochains du système *qu'ils ont voulu*. Qu'est-ce que cela prouve? Que la bourgeoisie n'est l'aînée du peuple que sous le rapport mercantile, mais que comme classe intelligente et propre à gouverner, la pauvre infortunée n'a rien à revendiquer à l'incapacité politique de ses cadets.

xc. — Les rôles ont changé ; le peuple doit demeurer calme et impassible au milieu de ce qui peut advenir ; c'est son intérêt le mieux entendu, et voici pourquoi. L'esprit humain est encore tout plein de théories prêtes à surgir : ici, la souveraineté confuse du nombre ; là, l'état transformé en protecteur de la raison générale ; ici, la centralisation ; là, le fédéralisme ; ici, la nation ; là, tout le monde confusément appelé ; ici, des théories excentriques sans précédents ; là, un syncrétisme plus possible sur le papier qu'en action ; tout cela ne recèle que *négativement* l'émancipation du peuple ; mais tout cela aura sa prise sur le temps ; tout cela capturera une part dans le champ de la vie générale ; et c'est pendant l'exercice semi-anarchique de toutes ces données gouvernementales et sociales que les gueux gagneront leurs chevrons d'émancipation définitive. L'ébullition qui se manifeste à la surface du cratère social a cela de bon que l'initiation des gueux à la consommation des droits politiques sera plus prompte qu'elle n'a jamais été, surtout si le peuple, comprenant bien sa position, ne la compromet par aucune émotion de la nature de celles qui nous ont valu les lois de septembre et plus tard les bastilles.

xci. — Il faudra toujours compter au profit des peuples, dans toutes les réactions contre la liberté, la division qui s'introduit inévitablement à la longue au camp d'Agamemnon. Cette division est forcée ; elle est dans le courant irrésistible des choses humaines ; les ennemis des peuples ne sont pas tellement maîtres d'eux-mêmes qu'ils ne soient, comme les autres hommes, assujétis aux effets des petites passions : — c'est la veine ouverte par où le despotisme s'épuise.

XCII. — Songe moins à disserter sur la politique journalière qu'à t'instruire : l'Égalité, la seule vérité à l'usage du cœur, ne se convertira en science sociale que du jour où tous les hommes en état de penser posséderont les mêmes notions premières. Ce n'est pas le despotisme qui engendre l'inégalité, c'est l'ignorance ; le despotisme, fantôme né dans les ténèbres, s'évapore comme une ombre quand la connaissance projette sur lui, du cerveau de tous les hommes, ses rayons lumineux.

XCIII.— La multiplicité des voix prophétiques de l'avenir est bien quelque peu une des causes qui brouillent le bon sens populaire en le tiraillant dans tous les sens. En effet, chaque publiciste a *sa doctrine* dont il établit la supériorité et la plénitude à l'encontre de toute autre. C'est là un travail de spécialisation qui pourrait plus profiter aux législateurs qu'aux prolétaires ; mais les législateurs n'en tiennent aucun compte, parce qu'eux aussi ont *leur doctrine*. De nos jours, la presse est au service, non pas, croyez-le bien, des intérêts populaires, mais du sectaire politique qui la subventionne le plus chèrement ; en un mot, la presse quotidienne est à la bourgeoisie, le peuple n'en doit donc rien attendre : c'est un fait bien certain.

xciv. — Veux-tu ne pas t'égarer dans ce labyrinthe de doctrines et de débats, résumé des labeurs divers qu'exécutent mille ouvriers rivaux, arme ton entendement de cet avis : L'Ordre, en sociabilité humaine comme en toute autre chose que le soleil éclaire, est dans l'exacte appréciation des lois essentielles à l'être étudié, et non dans aucun système enfanté par l'esprit de spéculation, et adapté à la vie de cet être par sur-infusion. C'est pourquoi les législateurs et discoureurs politiques qui entassent lois sur lois, considérations sur considérations, qui codifient ou formulent tout, sont des négociants d'abstractions, en concurrence les uns à l'égard des autres, et pas le moins du monde des hommes expérimentés en dynamique sociale, à laquelle les plus rompus en législation officielle n'entendent pas plus que le premier venu.

xcv. — Qu'importe au peuple les mille et un systèmes qu'on offre à son acceptation ! Est-il à même d'en apprécier la valeur ? et quand il le serait, par cela même qu'il y en a mille à choisir, n'est-ce pas une preuve de la vacuité de tous, ou du moins de l'implénitude de chacun d'eux. Ne t'arrête donc à aucune forme ; laisse-les toutes passer, car il faut que tout ce qui est en l'homme, erreur et vérité, ignorance et connaissance, ait sa voie, son temps, son espace ; mais un sentiment pondérateur qui est bien près de la certitude scientifique, ou qui tout au moins, en raison de sa valeur sympathique, est appelé à inspirer la science, doit, avant toutes les formulations de systèmes sociaux possibles, dominer notre âme à tous, c'est l'Égalité, oriflamme aux nobles couleurs, qu'il faut tenir élevé au-dessus des orages, comme ces phares, en mer, dont la lueur protectrice signale aux navigateurs les écueils et les rescifs à éviter.

XCVI. — Malheureusement l'Égalité, balbutiée par des esclaves ou dénaturée par des esprits pervers, emprunte à cette double détérioration des proportions indignes de son essence. L'Égalité c'est l'Ordre ; voilà l'Égalité en général. C'est le relevé raisonné des puissances actives et prochaines de la vie étudiée dans la société et dans l'individu ; c'est la condensation de toutes les impulsions combinées de la nature humaine ; c'est en religion, en morale, en esthétique, la solidarité des âmes, des mœurs et des cœurs, en d'autres termes la fraternité ; c'est en politique la balance des apports de chaque existence en compte courant perpétuel avec l'existence générale. Partout où il y a Ordre, il y a Egalité. Qu'est-ce que le génie ? c'est l'Égalité, puisque l'homme que la nature a doué des hautes facultés qui constituent ce génie, les emploie précisément à tout proportionner en lui, autour de lui. Qu'est-ce que la bonté ? c'est l'Égalité, puisque cette bonté porte l'homme qu'elle anime à agir d'une manière bienveillante à l'égard de tous ses semblables indistinctement. Qu'est-ce que l'amour du bien public ? c'est l'Égalité, puisque cet amour a pour objet tous les citoyens d'un même empire. Qu'est-ce que la science la plus profonde? c'est l'Égalité, puisque cette science se propose de donner raison à tous les hommes, par l'organe des plus instruits, des mystères les plus impénétrables. Qu'est-ce que l'industrie économiquement entendue? c'est l'Égalité, puisque cette résultante de l'activité terrestre des humains a pour but nécessaire de procurer à tous sans exception le bien-être matériel. Qu'est-ce que la propriété scientifiquement entendue ? c'est l'Égalité, puisque, selon Destutt de Tracy même, qui dit propriété dit faculté, et qu'il n'existe pas un homme que la nature n'ait doué d'une aptitude propre à quelque travail, et conséquemment qui n'acquière par ce travail un droit nécessaire à la jouissance du fruit de son talent. Qu'est-ce enfin que l'œuvre suprême de Société ? c'est l'Égalité, puisque cette œuvre a pour objet de corriger les inégalités naturelles, d'équilibrer entre le fort et le faible le droit et le devoir, la volonté et la possibilité, le travail et la jouissance ; de combattre l'erreur par la connaissance ; en un mot, de produire à l'aide de toutes les ressources en possession desquelles est l'homme-société, l'accord, l'union, l'harmonie, l'ORDRE enfin. Telle est l'Égalité en détail. Mais ses ennemis, qui ne sont pas moins frappés de son évidence que ses plus sincères défenseurs, la dénaturent à dessein et la qualifient de niveau brutal, d'ignorance abjecte, par la seule raison qu'elle réduit leur valeur personnelle à ses justes proportions. Il est vrai de dire d'un autre côté que ses défenseurs eux-mêmes sont la plupart fort éloignés d'en posséder une connaissance entièrement lucide. La manie de tout définir, de tout systématiser, la nécessité même où est l'entendement humain d'en agir ainsi pour avancer dans l'expérience des choses, l'esprit d'exclusion inévitable qui escorte les œuvres de l'intelligence, sont autant d'infractions contre l'Égalité. C'est pourquoi l'Égalité est le vrai Verbe, c'est-à-dire la parole qu'il n'est donné à aucun homme de traduire absolument, les siècles seuls mis bout à bout devant en révéler le sens partiel et jamais intégral. C'est pourquoi enfin l'Égalité c'est l'Ordre, parce que tout ce que je viens de dire de l'Égalité, on le peut dire de l'Ordre qui règle la marche de l'Univers.

XCVII — Crois à l'Égalité. Les habiles auront beau se retourner, il faut qu'elle triomphe, à moins d'une extermination absolue de la race humaine, laquelle ne pourrait arriver toutefois que par une conséquence des lois organiques de la société même, et non par suite de la tyrannie de quelques-uns, dépassât-elle en brutalité celle des Attila, des Timour-Lanck, des Omar. Les plus fougueux conquérants sont des marteaux d'égalité agissant par voie d'initiation violente, et les plus irascibles despotes sont des fauteurs de désordre qui électrisent à distance la fibre révolutionnaire des masses humaines ; l'histoire fait foi que ce n'est point là une vaine hyperbole, exemple : Rome, ses Césars et les Barbares.

XCVIII. — L'Égalité triomphera par la seule

raison qu'elle est l'équilibre auquel tout tend invinciblement. On peut y faire violence plus ou moins de temps; mais les moyens mis en jeu pour la comprimer en accroissent la force d'intensité ; tel un fleuve dont on comprime le cours, brise en un moment ses digues et reprend son niveau ; telle la guerre rendue de plus en plus impossible chaque jour par l'égalisation même des moyens de destruction communs à tous les peuples ; telle la propriété des terres et des capitaux appelée à s'éteindre, comme appropriation solitaire, par suite du principe même d'accumulation qui lui sert de base; telles les superstitions appelées également à disparaître par le principe même d'unité dont elles se parent. Ainsi tout court de soi-même en serpentant à l'Egalité.

XCIX. — Du sein même de toutes les contre-révolutions surgit en chaque siècle l'élément qui remet tout en cause. Le *droit électoral* est à notre époque ce que le redressement des abus fut à 1789. Ce n'est là que l'étincelle, l'embrasement est pour un peu plus tard. Prolétaires, tenez-vous prêts pour cette époque où la puissance bourgeoise sera remaniée de fond en comble. Si l'instruction vous manque, voici la prophétie de ce qui adviendra, aussi infailliblement qu'un fleuve court à la mer. On usera de vous pour *renverser*, et bénévolement vous prêterez le secours de vos bras, première duperie ; on reconnaîtra *en principe* votre souveraineté, rien n'est plus commun, mais on vous l'escamotera *en action*, c'est-à-dire au nom de l'ordre nécessaire à réaliser, seconde duperie ; et que pourrez-vous dire? Savez-vous discerner mieux que vos guides l'ordre du désordre? Avez-vous moins de préjugés, moins de passions, moins d'ignorance? Force vous sera donc d'obéir et de céder la place à celui qui *sait*. Puis surgira un *grand homme*, sauveur de la liberté, et tous de s'écrier : *Salut !* duperie définitive, et reconsolidation nouvelle du passé pour un temps nouveau indéfini. A défaut d'instruction, voilà l'avenir le plus prochain des gueux de France.

C. — Cent fois le jour relisez donc, prolétaires, ces vers du poète, et les mettez en application au prix de tous les sacrifices :

Peuples, instruisez-vous! la fatale ignorance
De nos sots préjugés entretient la puissance.
L'ignorance produit tous les maux d'ici-bas :
Si l'homme est malheureux, c'est qu'il ne s'instruit pas ;
Ses droits et ses devoirs pour lui sont un mystère ;
Il se plaît à croupir dans sa crasse première.
Peuples, instruisez-vous : que votre esprit actif
Par l'étude nourri ne soit jamais oisif!
Cultivez la pensée, apprenez à connaître
Et quel est votre sort et ce qu'il pourrait être,
Chassez de vos esprits l'erreur, les préjugés,
Et vous défendrez mieux tous vos droits outragés.
L'ignorance nous livre aux mains de l'esclavage,
Avec la liberté l'étude nous engage.

TISIPHONE.

FIN.

PARIS.—IMP. DE E.-B DELANCHY
Faub. Montmartre, 11.

Paris. — Imp. de E.-B. Delanchy, faub. Montmartre, 11.